AF320641

EXPOSITION

DES ŒUVRES ORIGINALES ET INÉDITES

DE

J.-B. CARPEAUX

ORGANISÉE SOUS LE

PATRONAGE DE LA PRESSE PARISIENNE

Ouverte du 26 au 28 Mai 1894

PARIS

TYPOGRAPHIE-LITHOGRAPHIE SCHNEIDER

37, Passage du Caire, 37

PRÉFACE

C'EST presque le soir, et dans les derniers rayons qu'envoie par la haute verrière ouverte de l'atelier, prennent forme les œuvres du pauvre artiste qui succombe, l'ébauchoir tombé de sa main défaillante ; voici du groupe de l'Opéra, une danseuse, qui, se détachant de la ronde endiablée, vient poser un baiser sur le front du maître à l'agonie ; voilà, de la fontaine du Luxembourg, une des vivantes cariatides de bronze qui s'agenouille pour essaimer des lauriers sur ce presque cadavre du génie ; puis, c'est la Flore du Louvre qui s'avance avec sa jolie guirlande d'enfants, et dans le lointain, d'autres œuvres encore de Carpeaux se devinent.

Tel le tableau d'Albert Maignan qui est maintenant au musée du Luxembourg, hommage tardif, mais mérité.

Une autre glorification que celle de ce rêve du peintre de *Dante et Beatrice* sera cette exposition qui ouvre aujourd'hui à l'École des Beaux-Arts ; il y a plusieurs années que le projet en était conçu : à la date du 29 janvier 1888, Mme Carpeaux m'écrivait : « ... J'espère pouvoir vous convier, au printemps, à l'exposition de dessins, exquisses, etc., que vous voulez bien réclamer au nom des admirateurs de M. Carpeaux. » Le 20 avril 1888, nouvelle lettre : « J'espère pouvoir organiser une exposition de ces dessins le mois prochain », enfin le 10 janvier 1891 : Je classe, je range, j'encadre... »

Paysages croqués par la portière du wagon sur ces minuscules carnets que l'artiste emportait toujours avec lui, silhouettes impériales dessinées dans le fond de son chapeau à Compiègne (d'aucuns sont des bijoux), boulettes de terre où se voit encore la trace des doigts fébriles pétrissant des attitudes, ébauches de statues, jamais faites, idées entr'aperçues un instant et pas précisées davantage, monuments rêvés qui n'ont eu de réalité que dans une pochade de quelques centimètres, il y a des albums combles, des vitrines pleines, on trouve là-dedans comme des indiscrétions sur l'art même de Carpeaux, on perçoit ses ambitions, on devine ses recherches, et on déplore encore bien plus sa fin prématurée quand on s'instruit de tout ce qu'il voulait accomplir.

Michel-Ange et Delacroix, tels sont les deux maîtres qu'évoque notre souvenir, le premier, parce que nombre de copies existent de

son œuvre dans les croquis de Carpeaux, le second, parce que le faire
est le sien, les grandes hachures à la plume qui zèbrent le papier, les
pleins écrasés qui affirment les contours, les placards d'ombre qui
font tache. *Le Jugement dernier, la Création de l'homme, la Pietà*,
obsédaient l'artiste moderne au point que, de mémoire, il en a sou-
ventes fois retracé des morceaux entiers ; il savait tout cela par
cœur, à muscle près, il en crayonnait des fragments pour s'entraîner,
— tel le poète qui, avant d'accoupler les rimes, relit quelque superbe
tirade de Hugo, — et l'influence de cette admiration s'est fait sentir
parfois comme dans les figures couchées du fronton du Pavillon de
Flore.

De Delacroix, Carpeaux avait la fougue, le mouvement, la har-
diesse ; encore moins à son aise qu'avec des pinceaux et une toile, il
tordait cependant les membres, il pliait la terre et le marbre, animait
la matière inerte, rudoyait la pierre, insufflait la vie à l'immobilité ; la
plupart des projets de statues qu'il a laissés semblent avoir été faits
par le peintre de la *Barque du Dante* ; c'est du reste aux MÂLES en art
que se rattache Carpeaux, il y a des chevaux dessinés par lui qui ont
la vigoureuse allure d'un Géricault, et même des essais de carica-
ture qui semblent des Daumier.

Instantanéités de vision, magie de conception facile, adoration
du nu, intelligence du mouvement, ces albums aux figurines innom-
brables nous montrent tout ça. Des danseuses au foyer de l'Opéra
répétent à la barre devant l'artiste ; sans qu'elles s'en doutent, il les
croque dans le fond de son chapeau, et saisit leurs poses, au vol pour
ainsi dire ; à Rome il assiste à une tuerie de porcs, aussitôt il reproduit
la scène, les bêtes courant affolées pour échapper au massacre et les
bourreaux les saisissant au hasard dans le tas.

L'idée d'une statue équestre de Jeanne d'Arc naît en son cerveau,
vite une plume, et voilà sur une grande page une esquisse, la donnée
trouvée d'un seul jet, la Pucelle brandissant son étendard, chevale-
resque et superbe, la tête fièrement héroïque, tandis que dans la
gracilité des jambes, dans la courbe fine et gracieuse de la hanche et
des mollets se révèle la femme, la jeune fille.

Devant lui, dans le *home* familiale, ses fils jouent, gambadent,
se roulent, il les portraicture en toutes sortes de positions, mais sans
se soucier des vêtements, il les dessine nus et cette préoccupation de
la nature sous le costume se retrouve à chaque feuillet, prouvant
une grande recherche scrupuleuse de la vérité, une absolue con-
naissance de l'anatomie. L'intelligence des mouvements, Carpeaux
l'avait au plus haut point ; il a des coups de crayon qui photogra-

phient les gestes, qui surprennent les attitudes, il reproduit la vie en train ; toute la série faite à Compiègne est à ce point de vue fort curieuse ; il y a là des silhouettes de l'Empereur et de l'Impératrice qui ont la réalité documentaire du portrait, notamment une pochade rehaussée au pastel de Napoléon III en habit et culotte courte, qu'il serait amusant de voir en parallèle de la si précieuse aquarelle donnée par le comédien Irving à Sarah Bernhardt : Napoléon 1er, fait, pendant la traversée, par le commandant du vaisseau qui l'emmenait à Sainte-Hélène.

Carpeaux était tenté aussi par l'eau-forte; il avait entrepris une suite de croquis sur la guerre et le siège de Paris. Malheureusement, l'œuvre n'a pas été exécutée, et sauf deux ou trois planches de cuivre dont il faudrait tirer des épreuves, il ne reste que des pages commencées, des mêlées de foule, des départs de soldats, le tout tracé du bout de la plume et rappelant beaucoup les dessins de Gustave Doré.

Le pastel l'attirait, et beaucoup le fusain rehaussé de blanc, le procédé qu'affectionnait Carrier Belleuse, et qui, pour des sculpteurs, donne évidemment les effets du relief, de ronde-bosse qu'ils cherchent : une scène de la Bible, plusieurs autres de Dante sont étonnamment lisibles sur de minuscules morceaux de papier bleu.

De celui qui mourut en murmurant ces mots ! « La vie ! la vie ! la vie ! » plus éloquents et plus typiques que ce dernier cri de Gœthe : « De la lumière ! » Edmond de Goncourt en son *Journal* — un infiniment précieux mémorial de son temps — a tracé une sorte de portrait criant de vérité :

« 3 septembre 1865... Retour en chemin de fer avec Carpeaux qui déborde d'esthétique passionnée. Le beau est toujours pour lui la nature : le beau trouvé comme le beau à trouver... Et encore pour lui le corps humain actuel, dans les beaux échantillons, offre d'aussi beaux modèles que la Grèce. Il y a encore des athlètes : ainsi ce cent-garde qui fait un trou à une pièce de vin, et la boit en la tenant au-dessus de sa tête.

« Pour Carpeaux, comme pour tous les gens de talent et d'avenir de ce temps-ci, il n'y a pas d'idéalisation du beau, il n'y a que sa rencontre et sa perception. Bref, c'est un artiste capable de faire un croquis en omnibus, — ce dont le blague, comme un imbécile qu'il est, un membre de l'Institut qui est là.

« Ce Carpeaux : une nature de nervosité, d'emportement, d'exaltation, ce Carpeaux : une figure fruste, toujours en mouvement, avec des muscles changeant continuellement de place, et avec des yeux d'ouvrier en colère. — La fièvre du génie dans une enveloppe de marbrier. »

Cinq mois auparavant, Edmond de Goncourt, qui voyait le sculpteur pour la première fois, le dépeignit ainsi : «... l'un surtout avait une tête taillée à la serpe, la tête grossière et rude d'un carrier, avec des moustaches de sergent de ville et des yeux durement brillants. » Et l'allure caricaturesque de la phrase est tout de suite atténuée par cette note mise au bas de la page. « Je donne sur Carpeaux notre impression première et telle que je la rencontre sur notre journal mais j'ai besoin d'ajouter que cette impression a été fort modifiée par les rapports que nous avons eus depuis avec lui, et que nous le considérons comme le plus grand artiste français de la seconde moitié du XIXᵉ siècle.

Rude, Barye, Carpeaux, et maintenant Dalou et Rodin, tel est le bilan de la sculpture ; ceux-là, seuls, sont de la grande famille, et la ville de Valenciennes a eu raison d'élever un monument à son illustre enfant, l'auteur d'*Ugolin.*

On a appelé Carpeaux le Rubens du marbre, et cette comparaison le différencie bien des efféminations d'aujourd'hui ; c'était un puissant, un robuste, capable de charme cependant comme en cette exquise statuette du Prince Impérial avec son chien Néro, un souvenir endeuillé d'une époque heureuse ; capable de grâce toute moderne comme en ses bustes de Rieuses ; de réalisme outrancier comme en ses portraits, qu'on se rémémore ceux de Dumas et de Garnier.

Son œuvre est variée, multiple, mais toujours a un degré absolu de supériorité, qu'il dramatise les vers de la *Divine Comédie* ou qu'il ose, en dépit des coutumes architecturales, la *Flore* du Louvre et la *Danse* de l'Opéra.

Il a su donner le mouvement, la vie à la pierre inanimée, il a été l'artiste moderne tout en restant l'égal des plus grands du temps passé, et c'est une des vraies gloires de la France.

Maurice GUILLEMOT.

TABLEAUX

1. J.-B. Carpeaux, *peu de mois avant sa mort.*

2. Groupe de la Danse, *étude.*

3. Portrait de M. le Marquis de P^nes

4. Jeune Transtévérine, *étude.*

5. Étude de la mère de la précédente.

6. Madame Bernaërts, *portrait.*

7. Portrait du peintre Vollon.

8. Un thé aux Tuileries : *l'Empereur, l'Impératrice, la princesse de Metternich, M. de Bismarck, etc.*

9. Bal costumé au Palais des Tuileries en 1867. — *L'Impératrice entrant au bras de l'Empereur de Russie.*

10. Autre scène du même bal. — *La Comtesse de C. en magicienne, au bras de l'Empereur en manteau vénitien.*

11. Portrait de Carpeaux en 1870.

12. Portrait de son fils aîné, *à l'âge de 3 mois.*

13. Le même *à 3 ans.*

14. Carpeaux, *en tenue d'atelier.*

15. Convoi de Victor Noir.

16. L'Espion, *épisode du siège.*

17. Pochade, *retour des Empereurs, de la Grande Revue (1867).*

18. Frère et Sœur, *2 orphelins du siège.*

19. Groupe d'Ugolin, *(peint sur bois).*

20. Sculpteur au repos.

21. Portrait du Chevalier N... A.

22. Madame Mac N...

23. Messe de Minuit, *à Rome.*

24. 4 études, *de Transtévérins, et* 4 Paysages *de la campagne romaine.*

25. Vue de l'Océan.

26. Paysage des environs de Paris, *Aquarelle et Pastel.*

27. Les trois Empereurs *causant après dîner (1867).*

28. Falaise Bretonne.

29. Étude de tête.

30. Bal dans la salle des Maréchaux, *l'Empereur, l'Impératrice, la princesse Mathilde, le Roi des Belges, etc.*

31. Mise au tombeau.

32. Descente de Croix, *(grisaille sur bois).*

33. Christ mort.

34. Jeune fille *(pastel)*

35. Portrait de M. Charlery de la Masselière.

36. Étude de Tête.

37. Portrait du peintre Cherrier.

38. Portrait du peintre Soumy, *avec dédicace.*

39. Mort d'Ananie, *(composition sur bois, 1847).*

40. Mlle Barbe de M...

41. Paysage du Midi.

42. Groupe d'Arbres, *environs de Londres.*

43. Bords de la Seine, *en Normandie.*

44. Paysage Alpestre.

45. La pêche miraculeuse.

46. Auteuil et le Mont-Valérien.

47. Bords de la Marne.

48. Banlieue de Marseille.

49. Lever de soleil.

50. Coucher de soleil.

51. Etude *d'après le Corrège.*

52. Ovation à la Statue de Strasbourg.

53. Etude de supplicié.

54. Etude, *d'après Rembrandt.*

55. Scène de folie *(Rome 1855).*

56. Portrait.

57. Projet de Monument, *à la mémoire du Général Moncey.*

58. Défense de Châteaudun.

59. Le Tréport, à marée basse.

60. Adoration des Bergers.

61. 9 Compositions, *dont 5 pastels.*

62. L'Evangile annoncé aux premiers chrétiens.

63. Le bain.

64. Roses dans un verre.

65. Naufrage à l'entrée du port *(Dieppe 1869).*

66. La France blessée.

67. D'après Michel-Ange.

68. Sainte-Elisabeth de Hongrie, *visitant ses pauvres.*

69. Paysage Romain.

70. Course de chevaux sauvages, au Corso.

71. Paysage d'Auvergne.

72. Ecce Homo.

73. Effet de Neige.

74. Portrait de Madame la Vicomtesse de Montfort.

75. Mgr d'Arboy au milieu de ses geôliers.

76. Apothéose du Martyr.

77. La Mare d'Auteuil.

78. M. Osbach, *portrait.*

79. Vue d'Auteuil.

80. Etude de Fleurs.

81. La Communion.

82. Coucher de soleil, *au bois.*

83. Le Prince Impérial, *distribuant les récompenses à l'Exposition Universelle (1867).*

84. Descente de croix, *copie.*

85. Départ de mobiles.

86. Etude de ciel.

87. Environs de Vichy.

88. Un martyr chrétien.

89. Portrait de Madame la Marquise de C^{re}

90. Paysage, *crépuscule.*

91. Pêcheur Napolitain.

92. Vierge Allemande.

93. 5 Paysages, *deux études de tête et une composition religieuse.*

94. Portrait de la Princesse R. K.

95. 2 Têtes d'études.

96. 2 Paysages.

97. Transport de blessés.

98. Champ de bataille.

99. Volontaire en guenilles, *montant la garde par la neige.*

100. Croquis de mobiles.

101. Femme mauresque.

102. Jeune Grecque moderne.

103. Vue de Chiselhurst *(1893)*.
104. Taureau.
105. Paysage de la Beauce.
106. Environs de Cannes.
107. Portrait d'un vieux peintre.
108. Tête infernale.
109. Paysage Italien.
110. Pont *dans la campagne Romaine*.
111. Ensevelissement du Christ.
112. Etude de femme.
113. Paysage Provençal.
114. Ruines Romaines.
115. Départ de troupes par le brouillard.

DESSINS

139. Étude de taureau.

140. 6 Études, *dont 1 pastel et un portrait du Shah de Perse.*

141. 2 compositions, *religieuse et populaire.*

142. Forgeron.

143. Études d'ouvriers.

144. Cazani, graveur, *portrait à la plume, avec annotation.*

145. Communion, *sanguine.*

146. Sur la Tamise, à Kew.

147. 10 croquis de pêcheurs Niçois.

148. Silhouette de femme, *exécutée avec le doigt trempé d'encre*

149. Le Christ ressuscitant Lazare, *d'après Rembrandt.*

150. Réquisition de chevaux.

151.
152. } Les Enfants de Carpeaux.

153. Le Pont de Suresnes, *rehaussé de pastel.*

154. Une halte.

155. Tuerie de porcs, *sanguine.*

156. 6 Études de femmes.

157. 7 croquis pour la vie de Jeanne d'Arc.

158. 8 compositions, *dont 3 religieuses.*

159. Marine.

160. Silhouettes de nuages.

161. Projet de plafond, *à la plume.*

162. Portrait d'un médecin de campagne, *avec annotation.*

163. Ruines et Rochers *(Lavis)*

164. Cheval *(d'après Géricault)*

165. 6 Dessins, dont 5 études d'aigles, *pour le pavillon de* Flore.

191. Une rue de Paris pendant le siège.

192. Etude à la plume, *pour le pavillon de Flore.*

193. Les mains de l'Empereur.

194. La France blessée, soutenue par ses fils.

195. Charge d'Artillerie.

196. 9 Dessins, *dont 1 portrait de l'Impératrice, rehaussé de blanc.*

197. Charge, *d'après la Marquise de M.*

198. 3 Etudes de Sainte de la Famille

199. Le groupe d'Ugolin, *dessin rehaussé de gouache.*

200. 2 Etudes de jeunes filles en toilette de bal,
rehaussées de blanc, avec annotations.

201. Scène Watteau.

202. La France, *pavillon de Flore.*

203. L'artiste écoutant les voix qui l'inspirent.

204. Daphnis et Chloé, *gouache.*

205. Cavalier, *à la plume.*

206. Acteur en scène.

207. 3 Croquis, *d'après Madame la Duchesse Colonna.*

208. Tête d'homme, *à la plume.*

209. Familial : *21 dessins, portrait de Carpeaux, de ses enfants, de ses chiens, etc.*

210. 5 dessins, *dont une composition à la plume.*

211. Mort d'une jeune femme.

212. 10 Etudes de nu.

213. 9 Compositions à la plume, *dont 2 avec le doigt.*

214. Ensevelissement du Christ.

215. Marine, *sépia.*

216. 9 Compositions religieuses, *au crayon, rehaussés de blanc.*

217.   6 Etudes de Vierges, *dont une rehaussée de gouache.*

218.   7 Etudes de chevaux de diverses races, *dont une sanguine.*

219.   6 Têtes d'étude, *dont un portrait de Gérôme et 3 copies, procédé spécial.*

220.   9 Portraits dont 7 charges.

221.   6 Etudes crayon, dont 1 de baigneuse, *rehaussée de blanc.*

222.   9 Etudes, dont 8 pour une statue de la Douleur.

223.   8 Scènes militaires, *dont plusieurs rehaussées en couleur.*

224.   La famille impériale, *6 dessins. — Cercueil de l'Empereur 2 croquis de l'Empereur, debout et à cheval. Le petit Prince apprenant sa leçon. L'Impératrice en toilette de bal.*

225.   8 Etudes, *dont le portrait de la Maréchale Bazaine et une grande composition à la plume.*

226.   Villejuif (1870).

227.   Jeune mère, *à la plume.*

228.   D'après Rembrandt.

229.   Hommes poursuivis, *à la plume.*

230   Hyde Park, *10 croquis d'amazones, de chevaux et de chiens.*

231.   Tête de Napolitaine.

232.   Rieur Napolitain.

233.   Etudes de chevaux de luxe et de travail.

234.   Apparition.

235.   Calabrais à cheval par la neige.

236.   Effet de Nuit, *crayon.*

237.   La barque du Dante.

238.   Jeune homme lié à un arbre.

239.   Lutte ici-bas. Protection là-haut.

240. Silhouette de nuage.

241. Combat de cavaliers.

242. Jeune couple, *rehaussé de blanc.*

243. Course de taureaux sauvages.

244. 6 Dessins, *dont 3 portraits de Gounod.*

245. 5 Têtes, *procédés divers, dont 3 portraits d'hommes connus.*

246. Paysage à l'encre de chine.

247. L'Ile Saint-Germain, avec pêcheurs au premier plan.

248. 9 compositions, *dont un profil de l'Impératrice ; une étude de jeune fille rehaussée de blanc, et le portrait d'un artiste des Français sur une enveloppe de lettre.*

249. Portrait du G^{al} Fy

250. 2 compositions à la plume.

251. Projet de groupe.

252. Au sermon *(crayon).*

253. En attendant le prédicateur *(Fusain).*

254. 2 compositions, *faites avec le doigt dans l'encre.*

255. 17 croquis à la plume, *pour la statue de Rabelais.*

256. Ovation à la statue de Strasbourg *(rehaussé de pastel).*

257. Étude d'homme.

258. Fête-Dieu *(Sépia).*

259. Têtes Sataniques.

260.
261. Composition à la plume, *pour illustrer un ouvrage sur*
262.   *le siège de Paris.*
263.

264. Portraits des otages.

265.
266. } Etude à la plume des primitifs.
267.

268. Convoi de M. D. Garde des Sceaux.

269. Gros chagrin.

270. Sur le pont du bateau mouche.

271. Barque fantastique, *(à la plume)*.

272. Etude de jeune femme.

273. Scène infernale.

274. Mater Dolorosa, *(groupe à la plume)*.

275. D'après Michel-Ange.

276. Rêveuse.

277. 4 croquis à la plume.

278. Femme assise *(exécuté avec le doigt trempé dans l'encre)*.

279. Femme pleurant, *même procédé*.

280. Nymphe lutinée par un faune.

281. 2 Têtes d'enfants.

282. 3 Croquis et une main de bébé.

283. Paris en décembre 1870.

284. Apparition.

285. Chevaux d'omnibus.

286. La Seine et le Mont-Valérien *(rehaussé de blanc)*.

287. Réconciliation.

288. Mexicaine, *étude*.

289. Communion pascale.

290. Jeune mère.

291. Chevaux montant une côte.

292. Types faubouriens.

293. Enfant nu.

294. 7 Dessins, *dont les chevaux du Prince Orloff, et une barque Dantesque.*

295. Le Sloop de Lord A.

296. Portrait de Madame de Brit, *et têtes de caractère.*

297. 11 Croquis d'Enfants, 2 projets de Vases décoratifs.

298. 11 compositions, *dont plusieurs scènes de Bals Masqués officiels, au pastel, et portraits d'Artistes des Français pris en scène*

299. 14 études et une ronde d'enfants.

300. Moines, *Croquis à la plume sur une lettre, projet de tombeau pour la Marquise de Lavalette.*

301. Jeanne d'Arc victorieuse.

302. Mobiles défilant devant la statue de Strasbourg.

303. Course plate, *plume et crayon.*

304. Etude de moines, *sanguine.*

305. Groupe d'arbres, *crayon et gouache.*

306. Intérieur de Saint-Martin (*Londres*).

307. Portrait de Madame J.-B. Carpeaux.

308. Le Figaro.

309. Montée du calvaire, *gouache.*

310. Profil d'homme, *à la plume.*

311.
312. } Les Coulisses de l'Opéra, *12 croquis en 2 passe-partout.*

313. Pointe d'Orbec.

314. Tête de jeune garçon.

315. Ariadne.

316. La Toilette.

317. Têtes de Chevaux.

318. Etude de Femme.

319. 5 Dessins, *dont 3 paysages et une composition de nuages rehaussée de blanc.*

320. 4 Dessins à la plume, *dont une étude de femme et une de main.*

321. Peupliers.

322. 4 Dessins, *dont 1 à la plume et 2 portraits rehaussés de blanc.*

323. 4 Dessins, *dont une composition rehaussée de pastel, et une étude de femme.*

324. 1 Dessin à la plume.

325. 3 Dessins, dont une étude de vieille.

326. Artilleurs à leur pièce, *plume.*

327. Croquis à la plume, *sur une enveloppe, avec suscription.*

328. Jeune femme avec enfants, *composition au fusain.*

329. 3 Paysages.

330. Projet pour le bas-relief d'Abd-el-Kader faisant sa soumission à l'Empereur, *première œuvre officielle de Carpeaux.*

331. Profil de femme.

332. Etude de femme.

333. Communion.

334. Quadrille Officiel, *Compiègne 1868*

ESQUISSES & CROQUIS EN TERRE

334^A. *Projet de groupe pour la façade de l'Opéra,* au début, Carpeaux devait exécuter le groupe qui fait actuellement pendant à celui de la Danse.

334^n. *Groupe de la Danse,* projet.

335. *Décoration de l'Hôtel-de-Ville de Valenciennes.*

336. *Flore,* bas-relief.

337. *L'Impératrice protégeant les orphelins,* groupe.

338. *Monument funèbre pour l'Empereur Napoléon III.*

339. *Jeune mère.*

340. *Sainte Famille.*

341.
342. } *Fronton du Pavillon de Flore,* 3 figures.
343.

344. *Fontaine de l'Observatoire.*

345. *Groupe d'Ugolin.*

346. *Le Christ en croix.*

347. *Groupe de naufragés,* fragment.

348. *Saint-Bernard prêchant.*

349.
350. } *Mater Dolorosa*

351. *Ensevelissement du Christ,* groupe

352. *Rêveuse.*

353. *Jeune femme pleurant son enfant.*

354. *Jeune mère jouant avec son enfant.*
355. *Jeune femme morigénant son fils.*
356. *Amour maternel*, cire.
357. *Paul soutenant Virginie blessée.*
358. *Mademoiselle de M.*
359. *Accablement.*
360. *Eve après la faute.*
361. *Avant le bain.*
362. *Mandoliniste.*
363. *Vénus captivant l'Amour.*
364. *Vierge morte.*
365. *Naufragé cramponné à un rocher.*
366. *Corps d'une naufragée, échoué.*
367. *Négresse captive.*
368. *Extase.*
369. *Songeuse.*
370. *Désespoir.*
371. *Femme se coiffant*
372. *Lafayette.*
373. *Première robe longue.*
374. *Buste XVIIIe Siècle*, cire.
375. *L'Empereur Napoléon III.*
376. *Watteau.*
377. *Pot à Fleur décoré.*
378. *Deux Orphelins.*
379. *Enlèvement.*

SCULPTURE

Une Partie des Modèles Originaux de Carpeaux

380. *Monument pour le Maréchal Moncey.*

381. *Génie de la Danse.*

382. *L'Espérance.*

383. *Bacchante aux Roses.*

384. *Flore.*

385. *Pêcheur Napolitain.*

386. *Jeune fille à la coquille.*

387. *Les Trois grâces.*

388. *Le Figaro.*

389. *Frère et Sœur.*

390. *Espiègle.*

391. *Rieur aux Pampres.*

392. *Candeur.*

393. *Printemps.*

394. *Pêcheuse de Vignots.*

395. *Suzanne surprise.*

396. *Amour blessé.*

397. *Défense de la Patrie.*

398. *Chinois.*

399. *Négresse.*

400. *Prince Impérial et son chien Néro,* groupe bronze argenté.

BUSTES - PORTRAITS

401. *Sa Majesté l'Impératrice Eugénie*.

402. *L'Empereur Napoléon III à Chiselhurst (1873)*.

403. *Le Prince Impérial*.

404. *Son Altesse Impériale la princesse Mathilde*.

405. *Tête de Son Altesse la princesse Mathilde*.

406. *Madame la Duchesse de Mouchy*.

407. *Madame Demarçay*.

408. *Madame L. née de S^{se}*.

409. *Madame la princesse R. K.*

410. *Mademoiselle Fiocre*, de l'Opéra.

411. *Monsieur Turner*.

412. *Madame Turner*.

413. *Monsieur le Marquis de Piennes*.

414. *Madame la Marquise de Lavalette*.

415. *Madame J.-B. Carpeaux*.

416. *Monsieur l'Amiral Tréhouart*.

417. *Premier buste de femme*, exécuté par Carpeaux.

418. *Maître Beauvois*.

419. *Le Peintre Giraud*.

420. *Gounod*.

421. *Gérôme*.

422. *A. Dumas fils*.

423. *Le Président J. Grévy*.

424. *Monsieur Tissot*, Ambassadeur.

425. *Monsieur de Saint-Vidal.*

426. *Monsieur Tissier.*

427. *La Palombelle.*

428.
429. } *Monsieur et Madame Chardon-Lagache.*

430. *La Palombelle en cheveux.*

MÉDAILLONS

431. *Madame Carette, née Bouvet,* dame du Palais de l'Impératrice.

432. *Madame Defly.*

433. *M. Thomas,* Architecte

434. *Madame la Comtesse de J.*

PLANCHES GRAVÉES SUR CUIVRE

(PAR CARPEAUX)

435. *Brigands Calabrais.*

436. *Jeune femme trainée par des enfants.*

437. *Enfants jouant avec un âne.*

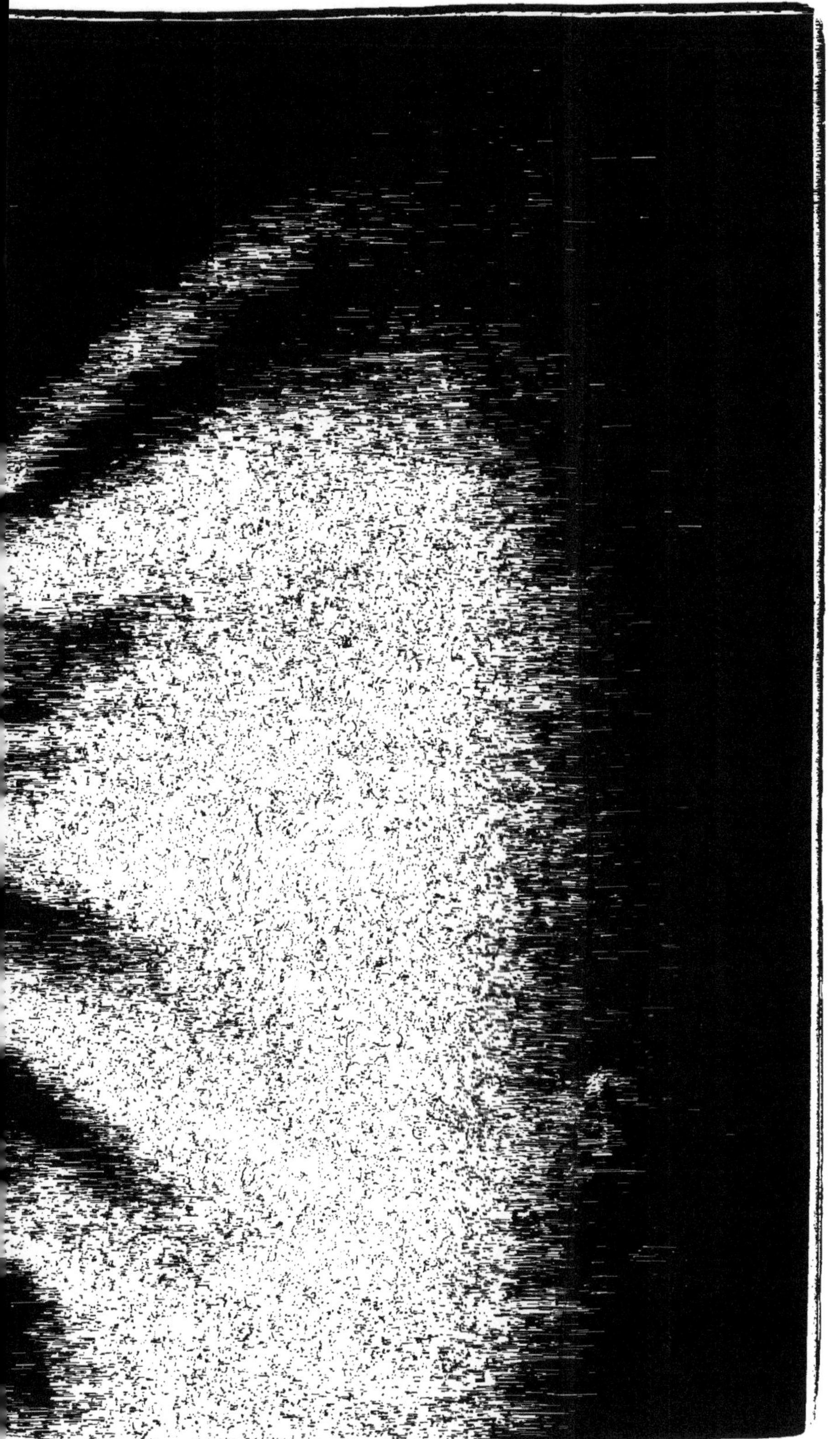

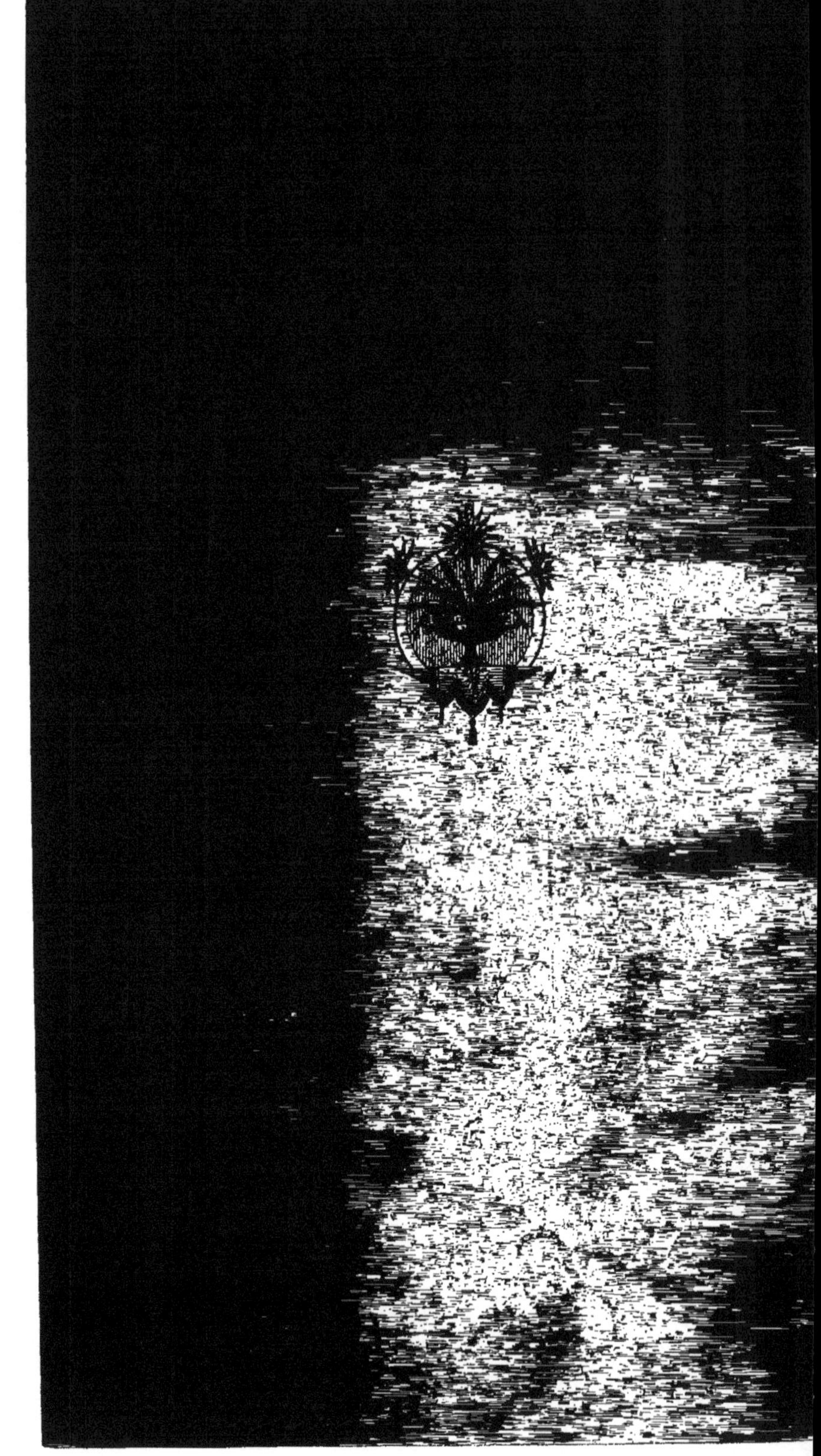